SIMPSONS COMICS

DIE SIMPSONS - AUF KÖLSCH!

PANINI COMICS

Bibliografische Information der Deutschen Nationalbibliothek
Die Deutsche Nationalbibliothek verzeichnet diese Publikation in der Deutschen Nationalbibliografie; detaillierte bibliografische Daten sind im Internet über http://dnb.d-nb.de abrufbar.

Dieses Buch wurde auf chlorfreiem, umweltfreundlich hergestelltem Papier gedruckt.

MIX
Paper from responsible sources
FSC® C016466

Originalausgabe:
Enthält Geschichten aus den Originalausgaben US SIMPSONS COMICS 93 und US Simpsons Summer Shindig 2.

Publisher: Matt Groening
Creative Director: Nathan Kane
Managing Editor: Terry Delegeane
Director of Operations: Robert Zaugh
Production Manager: Christopher Ungar
Art Director: Jason Ho
Assistant Art Director: Mike Rote
Assistant Editor: Karen Bates
Administration: Ruth Waytz
Legal Guardian: Susan A. Grode

Deutsche Ausgabe:

Panini Verlags GmbH, Rotebühlstraße 87, 70178 Stuttgart

Geschäftsführer: Hermann Paul
Head of Editorial: Jo Löffler
Redaktion: Steffen Volkmer (verantw.), Benjamin Beck
Übersetzung: Hella von Sinnen, Cornelia Scheel und Monika Salchert
Head of Marketing: Achim Günzel
Marketing & Kooperationen: Renate Rommel (E-Mail: marketing@panini.de)
Umschlaggestaltung und Satz: Hardy Hellstern, Ludwigsburg
Druck: Printed in Italy.
Presse & PR: Steffen Volkmer

YDSIDL005

ISBN 978-3-95798-611-5
1. Auflage, Dezember 2016

Findet uns im Netz:
www.paninicomics.de

SIMPSONS
COMICS
SPFU
SPFU
MATT GROENING

MATT GROENING PRÄSENTIERT

VERZALLT VUM
IAN BOOTHBY

JEMOLT HÄT ET DÄ
PHIL ORTIZ

DECKER DRÖM ERÖM JEMOLT HÄT ET DÄ
MIKE DECARLO

JEFÄRV HÄT ET DÄ
ART VILLANUEVA

US-SCHWAADLAPPE
BILL MORRISON

JANZ HÖÖSCH, HOMER. LANGSAM AVDRÖCKE.
ICH WEISS, WIE MER EN COMIC-KATZ AV-KNALLT, JUNG.
TEDDY ZO JEWENNE
PARDUNG, ÄVVER WÄJE DÄ WAFFENKONTROLLJESETZE EN UNSEREM VEEDEL MUSS ICH OP EN WAADEZICK VUN FÜNF DACH BE-STONN, EETS DANN KÜNNT EHR EN KNABÜHSS AVFEUERE.
WAT?
EHR DOT EINFACH DIE BLÄDDER DREIMOL USFÖLLE, JEVVT MER DE NÜSELE FÖR MINGE FUDDELSKROM UN ALLES ES JOT.
STROFREJISTER … JILD OCH EINJEKASCH EN DE *JANZE WELT* ODER NUR EN *KALK*?
DAT KÜNNT JET DOORE.
MILCHKANN
DO WAAD EN JÖTTLICHE SCHMIESSBUD OP MICH!
ICH JITSCHE FLÖCK NOH DÄ KLEIN DIERE FÖR ZE TÄTSCHELE, BEVÖR DÄ RALPH WIGGUM DIE ALL VERKLÄV HÄT.
ICH JONN ZOM ROULETTE-ZELT. WAAD NIT OP MICH.
LOSS DÄ BALLON BASCHTE
OH WIH! MUSS DIE BLOD-PROB *SIN*?
MR. SIMPSON, WENN EHR ZUCKE DOT, TREFFE ICH DIE VENE ÜVVER-HAUP NIT.

SPÄDER ...
DREN
SÜHS DE! BART SIMPSON HÄT ET DROP! WORÖM DAT NIT OLYMPISCH ES?
WAT JITT ET DOFÖR?
DÄ!
WAT? ICH LATZE VIER HEIERMÄNNER UN KRIEJE EN LÄPPSCHE PIEF MET EINER AHL DROP?
DAT ES NIT **IRJENDEIN** AHL, DAT ES ET **ERIN BROCKOVICH,** AMERIKAS JELEDDENDSTE KRAWALLMÖHN.
WAT ENE BETUPP!
DO MÄHS DAT VERKEHT, SIMPSON. DAT MUSS US DÄM **HANDJELENK** KUMME. LUUR ENS!
PFLOCK!
HÄS DE JESINN? US DÄM HANDJELENK!

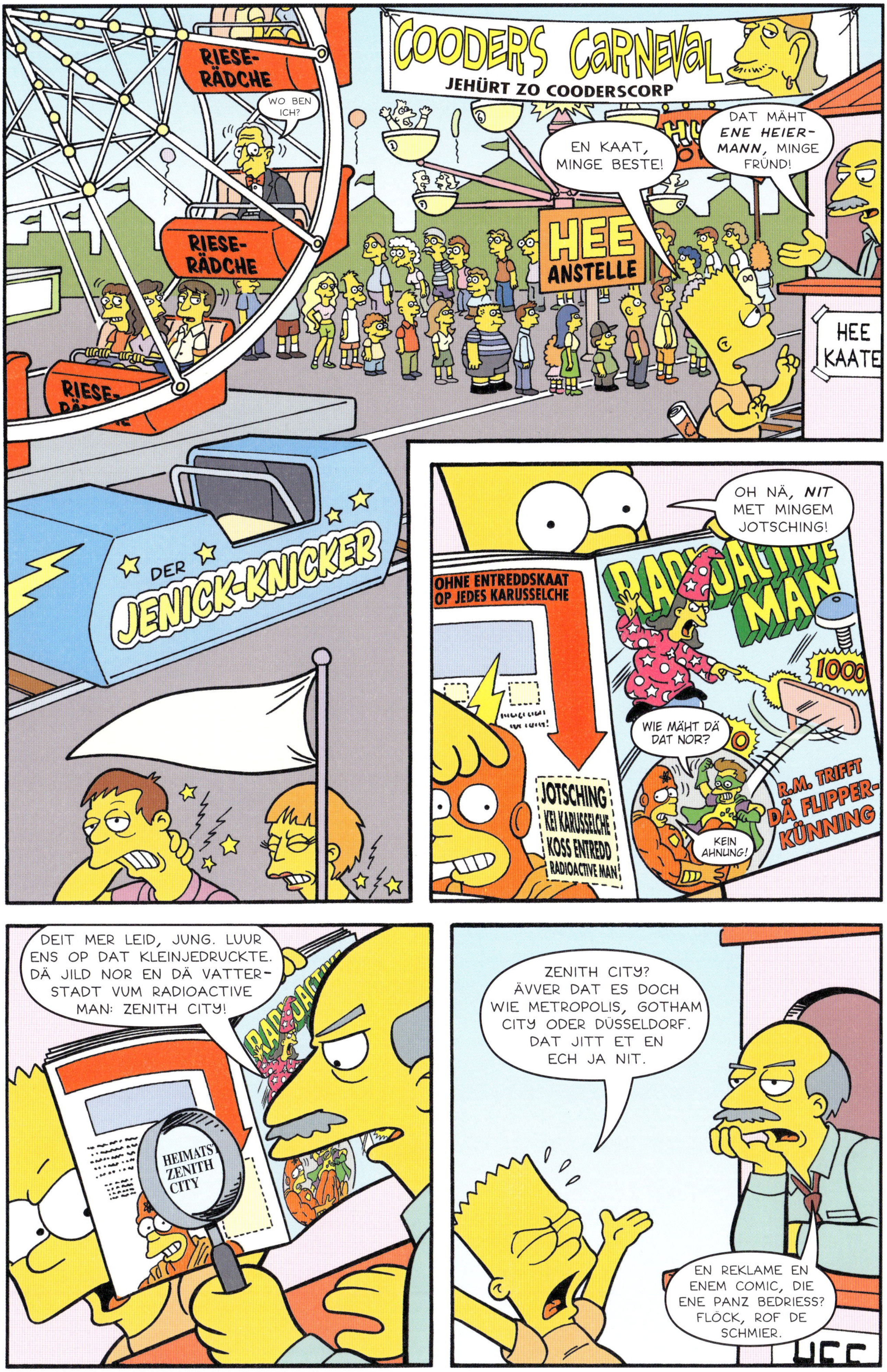
COODERS CARNEVAL
JEHÜRT ZO COODERSCORP
RIESE-RÄDCHE
WO BEN ICH?
RIESE-RÄDCHE
HEE ANSTELLE
EN KAAT, MINGE BESTE!
DAT MÄHT ENE HEIERMANN, MINGE FRÜND!
HEE KAATE
DER JENICK-KNICKER
OH NÄ, NIT MET MINGEM JOTSCHING!
OHNE ENTREDDSKAAT OP JEDES KARUSSELCHE
JOTSCHING KEI KARUSSELCHE KOSS ENTREDD RADIOACTIVE MAN
RADIOACTIVE MAN
1000
WIE MÄHT DÄ DAT NOR?
KEIN AHNUNG!
R.M. TRIFFT DÄ FLIPPER-KÜNNING
DEIT MER LEID, JUNG. LUUR ENS OP DAT KLEINJEDRUCKTE. DÄ JILD NOR EN DÄ VATTERSTADT VUM RADIOACTIVE MAN: ZENITH CITY!
HEIMATS ZENITH CITY
ZENITH CITY? ÄVVER DAT ES DOCH WIE METROPOLIS, GOTHAM CITY ODER DÜSSELDORF. DAT JITT ET EN ECH JA NIT.
EN REKLAME EN ENEM COMIC, DIE ENE PANZ BEDRIESS? FLÖCK, ROF DE SCHMIER.

SO, LIEBCHEN. WAT MEINS DE, WIE VILL KAMELLE SIN HEE EN DÄM JLAS?
ENS LUURE. DAT ES E JEWÖHNLICH JURKEJLAS VUN 1200 JRAMM. WEMMER DE HÜH UN DÄ DURCHMESSER NIMMP ...
DREIHUNDERT-SECHSUNVEEZICH.
JO ... OP DÄ PUNK!
FLÖNZ MET ÖLLICH
JLÖCK JEHATT!
NÄ, ICH WOR JET ÖFTER EN DÄ SCHOLL VUN DÄM MATHEMAGIKER.
JETZ E KUNST-STÖCKCHE, VUN MIR JEDÄUF: DER RESS ES FOTT. NEMM IRJEND-EIN KAPIERKAAT.
NUR 25 ¢
WERFT
251 X 119
5)25,175
16² ÷ 118
VILLEICH SPÄDER.
JOT, DUBBELT ODER NIX. WIE VILL SOL-EIER?
EHM ...

HUNDERTSIBBE.
HMM ...
NÜNGHUNDERT-ACHUNSIBBZIG AAPENÖSS!
GRRR ...
HAUPT PREIS
2. PREI
ZWEIUNACHZIG HÄMMCHE. BÄH!
WAT DANN? ICH BEN NOR US ZOFALL HEE.
JOT, WENN EHR KEIN POPPE MIH HATT, DANN KRIEJE DIE HEE DE PÄNZ OHNE ELDERE IN SPRINGFIELD.
MOMANG! HEE HÄT NOCH KEINE JUPP JET JEWONNE.
LOSS MER NOCH EINE MAACHE. ET JEIHT ÖM MING KIRMESKOPP-IHR. WENN DE JEWENNS, ES DAT JANZE RUMMELS-JEDRESSE DIR!
ECH?
JO, DO MUSS NUR RODE, WIE VILL KLEIN JLÄSER EN DÄ TRUMM SIN. UN WIE VILL JEDÖNS EM JANZE.
¡JAP! ...

KANN ICH ENS DAT RECHEMA-SCHINCHE HAN?
SECHER DAT, ÖM IHRLICH ZE SIN, ICH WEISS JA NIT, WOFÖR ICH DIE HAN. ICH HÄTT LEEVER NE BÜGGELS-RECHNER.
SCHNAPP!
SCHIEB, SCHUB, SCHAB
SCHIEB, SCHUB, SCHAB
MER HAN: 986 JLÄSER UN DAT JANZE JEDÖNS EN DÄ JLÄSER SIN ...
ZWEIHUNDERT-DAUSENDEIN-HUNDERTACHUN-FUFFZIG.
KÜÜM. DAT STEMMP.
ALAAF!
DAT RUMMELS-JEDRESSE ES DIR, LIEBCHEN.
ICH JLÄUV, ICH JONN WIDDER ALS ZÄNGKLEMPNER ZO-RÖCK NOH BERCH-HEIM.
CHEF, MING ZÄNG SIN ALD WIDDER NOHJE-WAHSE. MAHT JET.
PATIENT OPJEPASS: SCHLECK KEIN SPLITTER ERAV.

AM NÖCHSTE DACH ...
HE JEIHT ALLES FÖR COMICS UN KAATE DROP
DAT LOSS ICH MER NIT JEFALLE!
ICH WELL BEI DING COMICS UN BASEBALL-KAATE
KUTT EREN
507
DO HÄS JET ZE DRIESSE? LUUR MICH ENS AAN. DÄ QUACKSALVER HÄT MER VULKAN-UHRE DRANJE-NIHT, DIE JA NIT ZESAMME-PASSE. ICH SINN US WIE ENE FABRIKSDOOF.
WIE LANG HATT EHR DIE ALD?
RADIOACTIVE MAN
ICH WOR KANDIDAT EN DER NEUJE FOX-SHOW „EXTREME NERDS, VÖRHER - NOHHER“!
BOAH! DAT ES COOL! ÄVVER WIE KÜTT MINGE ECHTE ÄRM WID-DER DRAN?
ÄH, KORREK, ÜHRE ÄRM, ÄHM ...
EJAL. NOH DÄM HEFF HEE KANN ICH OP DÄ KIRMES ÖMESÖNS FAHRE. LUURT OP DAT KLEINJESCHREEVENE!
MAACH ICH, ÄVVER EETS MUSS ICH DAT „DR. OCTOPUS“-PÖPPCHE US DÄM KLÄTSCH MOSTERT HEE HOLE.
FWUUSCH!
⁝KÜÜM⁝ MINGE PLAN: CROSS-OVER MET MEISTER PROPER.
ARG!
AALE, DRÜGGE COMICS
FRITTEFETT-LUMPE

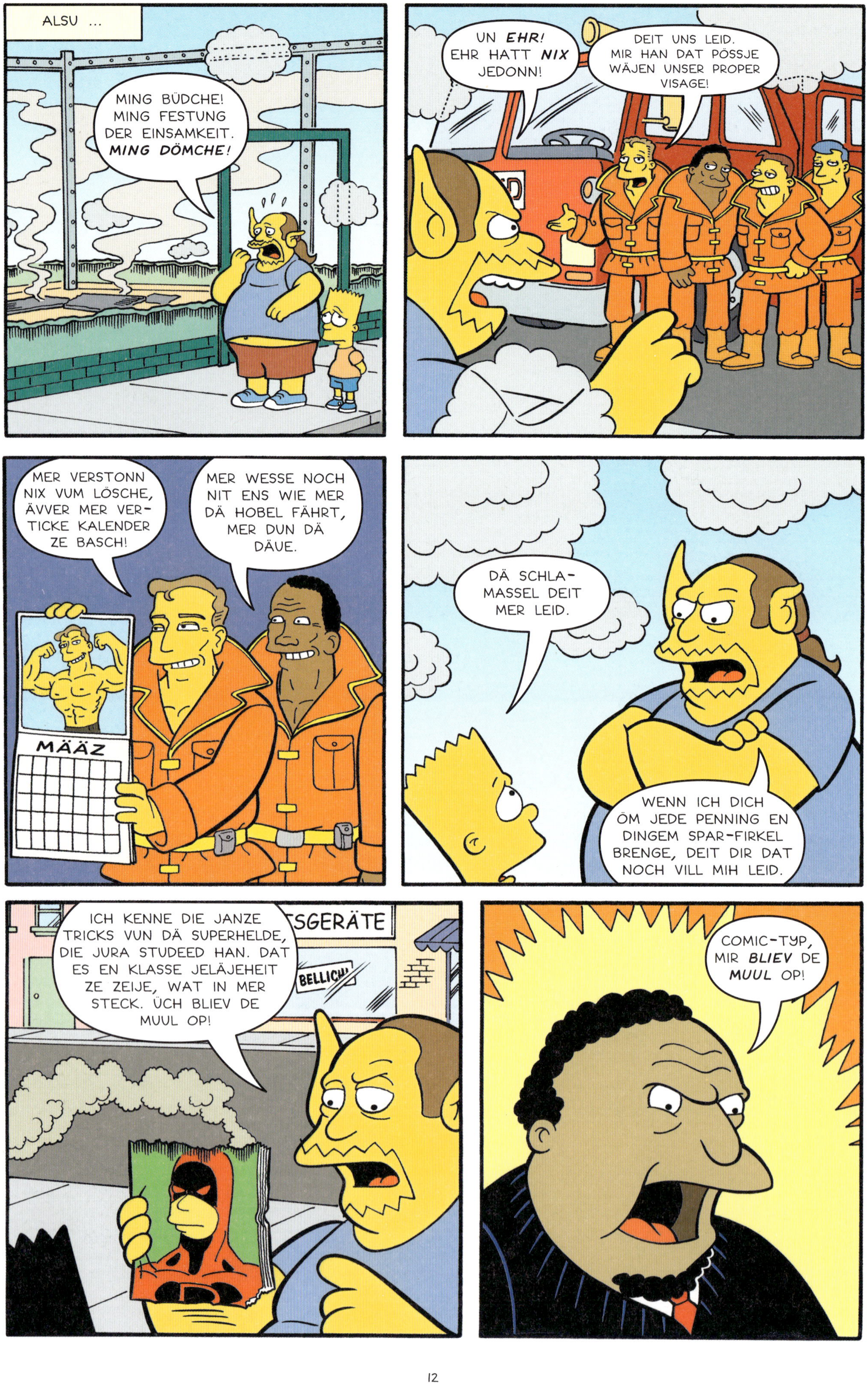
ALSU ...
MING BÜDCHE! MING FESTUNG DER EINSAMKEIT. MING DÖMCHE!
UN EHR! EHR HATT NIX JEDONN!
DEIT UNS LEID. MIR HAN DAT PÖSSJE WÄJEN UNSER PROPER VISAGE!
MER VERSTONN NIX VUM LÖSCHE, ÄVVER MER VERTICKE KALENDER ZE BASCH!
MER WESSE NOCH NIT ENS WIE MER DÄ HOBEL FÄHRT, MER DUN DÄ DÄUE.
MÄÄZ
DÄ SCHLAMASSEL DEIT MER LEID.
WENN ICH DICH ÖM JEDE PENNING EN DINGEM SPAR-FIRKEL BRENGE, DEIT DIR DAT NOCH VILL MIH LEID.
ICH KENNE DIE JANZE TRICKS VUN DÄ SUPERHELDE, DIE JURA STUDEED HAN. DAT ES EN KLASSE JELÄJEHEIT ZE ZEIJE, WAT IN MER STECK. ÜCH BLIEV DE MUUL OP!
COMIC-TYP, MIR BLIEV DE MUUL OP!

SU EN ZICK-VERSCHWENDUNG VUN MINGEM JEREECH HAN ICH NOCH NIT ERLÄV!
HUH JEREECH, ICH BRUCHE RAUH. ICH VERSÖKE AN SINGEM HÄTZKLOPPE ZO HÜRE, OV DÄ POSCH LÜCH.
ICH HÜRE DAT HÄTZ-KLOPPE VUM HOMER, ÄVVER DAT ES SINGE HUHE BLOD-DROCK. DAT KÜTT VUN ALL DÄM UNJESUNDE KROM, DER SING ODERE VERSTOPP.
POMM! POMM! POMM!
DO KANNS MER ENS DÄ NAACHE DÄUE. AV MORJE MAACHE ICH DIÄT UN JONN ZOM SPOCHT.
POMM! POMM! KA-POMM!
KA-POMM! KA-POMM!
HANAK.
ICH SAGE: BART SIMPSON ES UNSCHÖLDIG. ÄVVER DER JEREECHS-DEENER MUSS DIE UHRE VUN DÄM COMIC-TYP REPAREERE. DAT KANN MER JO NIT ANLUURE.
KNALL!
WAT SOLL ICH JETZ MAACHE? ICH HAN NIX MIH ZE DUN, JENAU WIE DER ERSATZ VUM FOX MULDER EN DÄM LETZTE PAKET VUN „AKTE X".
ICH KÜNNT KRIESCHE, ÄVVER ICH WEISS JET ...
PROZESSIERE FÖR JET ZE MÜFFELE

ICH WEEDE BEKLOPP, BART. E COMIC-BÜDCHE EM EIJENE JAADE. LÄUF ET?
JO, BES JETZ ES NOCH KEINE COMIC-JECK EROP JEKUMME.
UN ET JITT JO NOCH MOLÄSTE OP VIER BEIN.
DÄ NEUJE MALOTE FÖR PÄNZ-JRÖSCHELCHER
DRECKS-EICHHÖNCHE!
ÄVVER ICH VERSTONN, DAT IHR PER SE ALLES SAMMELE WOLLT.
RADIOACTIVE MAN
XENA
COMICS
NOR BARES
DONOH ...
ENE DRAUM WEED WOHR.
SID DOBEI UN *JUUZT*, WENN SICH NE PÜNGEL *FREUD* UN LECKER *LIERE* TREFFE.
6x4=24
3x0=0
DNA-BAHN
LISALAND
5
10
VILL SPASS EM LISALAND!

FRAU KRABAPPEL, DIREX SKINNER, EHR BRASELT HEE?
ET LISA HÄT UNS EIN-EURO-PÖSSJE JEJOVVE. WEIL MER ALS LEHRER ÄRCH KOOT JEHALDE WEDDE, KÜNNE MER DIE EXTRA-NÜSELE JOT JEBRUCHE.
UN ICH BRUCHE NEU SCHOH. MING MAMM ES ENE KNIESBÜGGEL, DIE JIT MER NIT MIH TÄSCHEJELD.
HUIII! ICH BEN BOVVE!
3
HUIII! ICH BEN UNGE!
5
DE BROCH-BUD
LECK MICH EN DE TÄSCH, LISA!
JITT ET EN *KITZELBUD*?
BUD FÖR ECHTE FRÜNDE UN SÖNS NIX
NÄ, ÄVVER EN ECHTE-FRÜNDE-BUD.
JÖÖM
DIE HAN JESAHT, ICH MÖHT ENE *TESS* SCHRIEVE, ÖM MET DER WILDE-MUS ZE JÖCKELE.
RICHTICH, NUR WER JET EN DÄ *BIER* HÄT, KANN EM LISALAND *OP JÖCK* JONN.
ENSUR!
DOOF-NÖSS
LIEVE DRUSSE
1
2
3
4
5

NIT DO, HEE ...
MER BRUCHE EN *ECHTE* FÜÜRWEHR, DAT ES EN FROCH OP *LEVVE UN DUD*. ICH MEINE JO NOR.
SCHWAADSTE DO NOR ODER SPELLE MER JETZ „FÜÜR-AX"?
DÄ JUNG HÄT RÄCH. DIE BUD ES ALD FÜNF MOL AVJEBRANNT ZICK ICH DIE HAN. UN NUR DREI MOL HA'MMER DE VERSICHERUNG BEDRESSE.
ÄVVER WAT SOLLE MER MAACHE?
ICH WEISS JET. UN DIE HAN JESAHT, MING METJENOMMENE KOPP-ZELLE WÖREN *FÖR IMMER* FOTT.
BÜRJER-MEISTER QUIMBY?
WAT? ES MING AHL DO?

MER WOLLE EN ECHTE FÜÜRWEHR.
NIT NUR SCHÖNE HUBÄÄTS.
SPRINGFIELD ISOTOPES
MOE, HA'MMER NOCH MIH SPRIT FÖR ET FÜÜRZEUCH?
SPRIT
ÄH ... NIX FÖR ET AUG ... ÄHM ... WIE WÖR ET MET DÄM DO?
ICH?
JO. AM ENGK SIN DIE ACH KABÄNES SCHULD UN WEIL ICH WIDDER EN MING SEKRETÄRIN WELL: DO BES DÄ NEUE BAAS VUN DER FÜÜRWEHR VUN SPRINGFIELD!
JUNG! ICH DARF FÜÜR USTREDDE!
FWUSCH!

DÄ DACH DROP ...
ICH WEEDE BEKLOPP: SIMMER JETZ *ECHTE* FÜÜR-AVMURKSER?
ICH DARF DAT SCHMÖLZJE USSÖCKE UN EHR SID DE CRÈME DE LA CRÈME!
USSERDÄM WOR ET SPÄD UN EHR WORT JRAD DO.
NOCH BESSER WÖR ET JEWÄS, WENN *DIE TÜNNESSE* NIT DE FÜÜRWACH ÜVVERNOMME HÄTTE.
TÜNNES? ICH HAUE DICH MET MINGEM PROTONENSTROHL FOTT, DANN HEISS ET TSCHÖ, MOE.
DOCH NIT FÖR DÄ, RAY. DENK AN JET SCHÖNES.
MER ES JET ENJEFALLE: DÄ BRASS MET DER FÜÜRWEHR ES, DAT DIE IMMER EETS KÜTT, WENN ET ALD *BRENNT*.
MER MÜSSEN ET FÜÜR USTREDDE, *BEVÖR* ET BRENNT.
OCH? WIE DAT DANN?
MAHT ÜCH FOTT. MER MÜSSE FÜÜR VÖRBEUJE!
EH! WILLIE WOR DIS JOHR ALD EN DÄ BÜTT!
FWUUSCH!
DÄ SCHUUM NIT ERUNDERSCHLECKE. UNJEFTIJE WOR UNS ZE DÖÖR.
NULLG!
PSSSCH!
NÄLLG?!
PSSSCH!

IHR VERDÖTSCHTE WÜRRGEL!
DEIT MER LEID. WENN ICH SPRÖHE, BEN ICH DAUV. ÄVVER JÄN!
PSSSSSCH!
NAACHS ...
ZZZ ...
SCHNORKS
SABBER
ZZZ ...
TSCHINDERRASSA-BUMMFALLERA
WAAAT?
HÄ?
KÄCH
AAAH!
SPRINGFIELDER, OPJEPASS, MER ÜBE FÜÜR. NEHMT ÜCH AN ET HÄNGCHE UN MAHT ÜCH FOTT.

SPRINGFIELD
LITT HINGER ÜCH
WOFÖR?
DAT ES EN FÜÜR VÖRBEUJE. EHR SID EETS NO 20 MINUTE DRUSSE JEWÄS. WENN ET WIRKLICH JEBRANNT HÄTT, WÖRT EHR ALL LECKER HÄMMCHE.
MMH ... LECKER HÄMM-CHE.
UN DAT HÄT HEE TRADITION?
EN D'R WOCH DREI DOLLEREIE. ICH KRÄHT ET **ÄRME DIER,** WENN ICH DAT USNÖTZE DÄT, WÖR DO NIT **EIN SAACH**.
WAT DANN?
ICH BEN ENE RÄUBER.

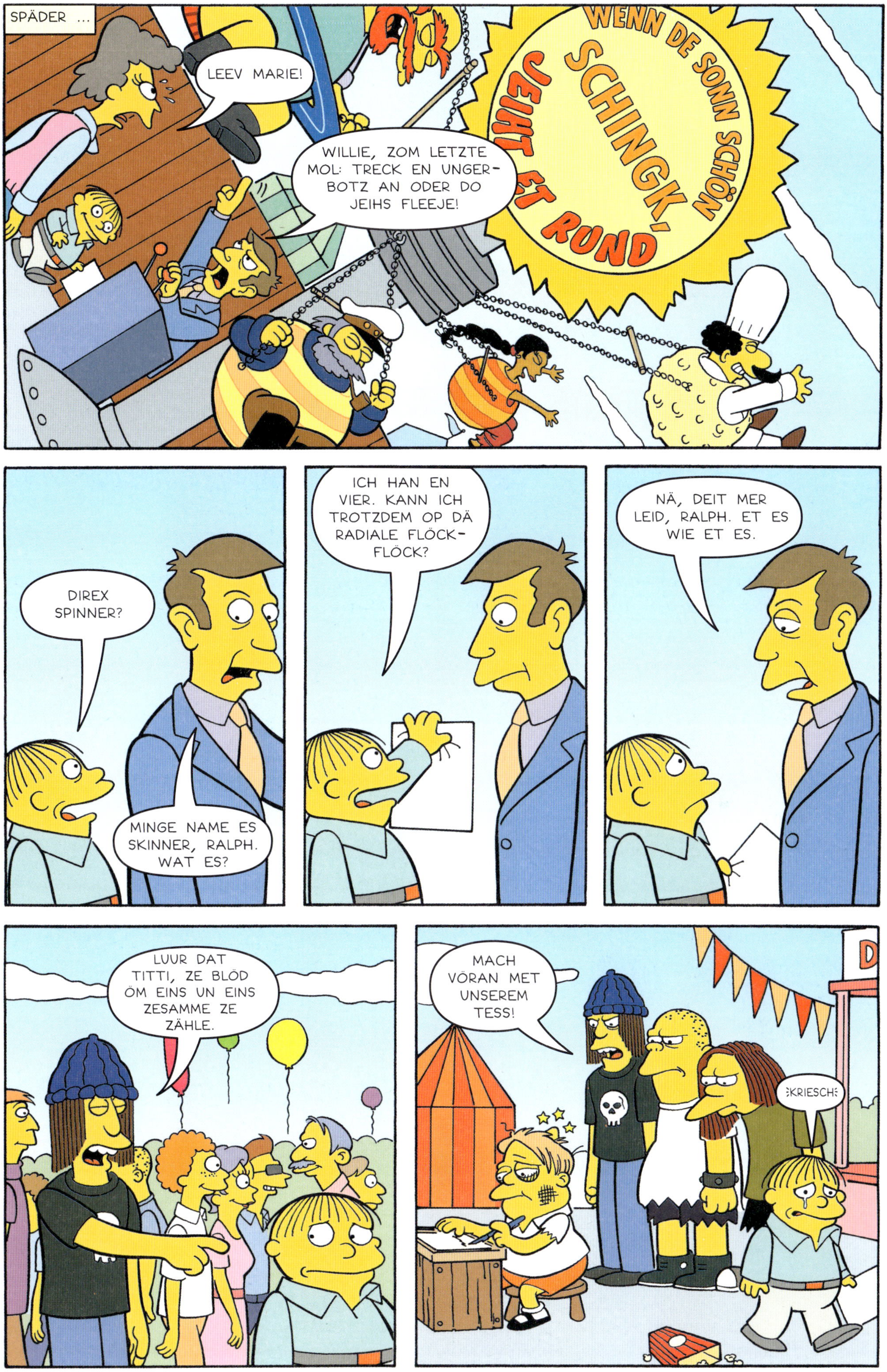
SPÄDER ...
LEEV MARIE!
WILLIE, ZOM LETZTE MOL: TRECK EN UNGERBOTZ AN ODER DO JEIHS FLEEJE!
WENN DE SONN SCHÖN SCHINGK, JEIHT ET RUND
DIREX SPINNER?
MINGE NAME ES SKINNER, RALPH. WAT ES?
ICH HAN EN VIER. KANN ICH TROTZDEM OP DÄ RADIALE FLÖCK-FLÖCK?
NÄ, DEIT MER LEID, RALPH. ET ES WIE ET ES.
LUUR DAT TITTI, ZE BLÖD ÖM EINS UN EINS ZESAMME ZE ZÄHLE.
MACH VÖRAN MET UNSEREM TESS!
KRIESCH

HOMER, WAT MÄHS DO? ES DAT ECHTE FÄRV?
MER BRUCHE NE FÜÜR-FIFFI, MARGE. FÖR ET JEFÖHL.
KEIN SORCH, WENN HÄ SICH NIT SELVS SCHLECK, ES ALLES JOT.
DO SOLLS DÄ HUNGK NIT ANMOLE!
FAUCH
JOT, DANN HOL DO DIE KATZ ERAV.
HOMIE, DO WEISS, ICH STONN HINGER DIR.
ÄVVER DING FÜÜR-VÖRBEUJE-FLAUSE JOMMER OP DÄ DRESS.
OP DÄ DRESS?
MER WEEDE JO SINN, WER ZOLETZ LAACH, WENN ET EN ECH BRENNT!
HOMER, ET BRENNT, FLÖCK!
ICH BEN TIREK DO. WAAD ENS.
HA! HA! HA!
JÖMMER

HOT DOGS
ICH HAN DING SOJA-WÖSCH EN DE MIKROWELL JESTOPP.
PRITZEL!
PRITZEL!
WAT ES LOSS?
JANZ HÖÖSCH, NERVE BEHALDE.
KRUSTY SING
SOJA-WÖSCH
PJEPASS: EVENTUELL SIN
SÄU ODER BENZIN DREN
PIZZA
ICE
ICH BEN RUHIG. UN JETZ?
UAAAH! OP DE ÄÄD SCHIBBELE!
FWUUUSCH!
HÖLP ...
DAT JEIHT OP **DING KAPP**, SEYMOUR.
JO, MAMM.
SSSSSSSS!
WAT E JLÖCK, DE FÜÜR-USTREDDER SIN DO.
HA! HA! HA! HA!
SPFU
MARGE KANN DICH NIT MIH HÜRE, HOMER. DO KANNS OPHÜRE ZE LAACHE.

WAT SOLLE MER MAACHE?
MER KÜNNE NOR FÜÜR VÖRBEUJE UN NIT FÜÜR USTREDDE.
WIE HEISS ET ESU SCHÖN?
RING WURFB
FÜÜR TRIDD MER US MET FÜÜR!
BAAL ...
JOT, DAT KLAPP NIT.
WORÖM HÄS DO NE FÜÜRSPEIHER, MOE?
OCH, NOR FÖR RATTE UN MUUZEPUCKEL.
DÄ JANZE RUMMEL BRENNT, HEE KUMME MER NIT ERUS!
HOT DOGS
WORÖM FALLE MER IMMER WIDDER OP DÄ EREN?
DAT ES SINGE CHARME!
ICH KÜNNT IM DÄ US DÄM HEMB KLOPPE!

ICH WEISS JET!
JETZ NIT, RALPH. ⁝HUST⁝
⁝WIMMER⁝
⁝JÖMMER⁝. JOT, RALPH. WAT ES ET?
WÜNSCH DIR JET!
RALPH, WAT SOLL DÄ ...?
SINGT E JEBOOTSDACH-KRÄTZJE, WÜNSCHT ÜCH JET UN BLOST ET US, JENAU WIE MET DÄ KÄÄZE.
⁝HUST⁝. DAT ES VERDÖTSCH!
WEISS ⁝HUST⁝ IRJENDEINER JET BESSERES?
MER KÜNNTEN DÄ RÄHN ERAN-SCHUNKELE.
LOSS MICH! DÄ WEED UNS ALL AVMURKSE!

HAPPY BIRTHDAY TO YOU! HAPPY BIRTHDAY TO...
EHR MOOT WESSE, DAT DE FAMILLICH HILL ⁝HUST⁝ ET COPYRIGHT OP DAT KRÄTZJE „HAPPY BIRTHDAY" HÄT UN DAT ⁝KEUCH⁝ NIRJENDWO, NOCH NIT ENS FASTELOVEND, JESUNGE WEEDE DARF, OHNE ⁝FLEUT⁝ KORREK USJE-FÜLLTE BLÄDDER UN TANTIEME-NÜSELE.
BALLON
PARDAUZ
JOT, HEE ES E NEU LEEDCHE.
NE SCHÖNE JROSS AN DÄ GEBOOTSDACHS-TUPPES. MAACH DER HÜCK NE PÜNGEL FREUD. MER DANKE DÄM HERRJOTT, DAT DO AM LEVVE BES.
BLOOOOOS!

ET HÄT JEFLUPP!
AM ENGK HAN DIE LÜCK RÄÄCH, DIE MEINE, UNS VATTERSTADT WÖR ENE ***WÄRME FUTZ***.
RALPHIE! DO HÄS UNS ALL JERETT. UN DOBEI NOCH NIT ENS EN DE BOTZ JEMAHT. DAT ES MINGE JUNG!
DO HÄS DER EN BELOHNUNG VERDEENT. WILLSTE BEI UNS EM REVIER MET DÄ JÄÄL SIGGE OP DE SPETZBOVE KLOPPE?
ICH WELL LEEVER HEE BLIEVE UN SPEELE, ÄVVER ICH BEN ZO BESTUSS FÖR DE KARUSSELLS.

RALPH, ET DEIT MER LEID. ICH WOR SU MET MINGEM KROM ZE ZOCH, DAT ICH VERJESSE HAN, DAT DE KIRMES FÖR JEDE JECK DO SIN SOLLT.
UN JETZ KANN KEINER MIH DROP.
MOMANG! ICH HAN ALD WIDDER JET.
SPEI ET US!
EN WOCH SPÄDER ...
WELLKOMME EM
RALF-LAND
FLÖNZ
DO HÄS DÄM RALPH DÄ RUMMEL JEJOVVE, WOR DAT KLOG? DÄ HÄT SUJAR SINGE EIJENE NAME VERKEHT OP DAT SCHILD JEPINSELT.
ALLES, WAT SICH DRIEHE KUNNT, ES SUWIESU KAPOTT. UN HÄ HÄT SICH ESU JEFREUT.
ICH HAN JEHÜRT, DAT HEISST SU, WEIL NUR DÄ RALPH BESTUSS JENOCH ES, DO ZE FAHRE.

BES DO SECHER, DAT DAT SECHER ES? ODER HÄS DO OP DÄ KAPOTTE KROM NUR JET FÄRV JEDONN?
CLOWNS SIN LÖSTICH.
RIESE-RÄDCHE
RIESE-RÄDCHE
ET HÄT NOCH IMMER JOT JEJANGE.
RIESE-RÄDCHE
KA-RRUCKS!
KA-SCHWIRRRRR!
RIESE-RÄDCHE
AAAAAH!
RATSCH!
JLÄUV MER, BART: ET HÄT NOCH IMMER JOT JEJANGE!
RIESE-RÄDCHE
AAAAAH!
WELLKOMME

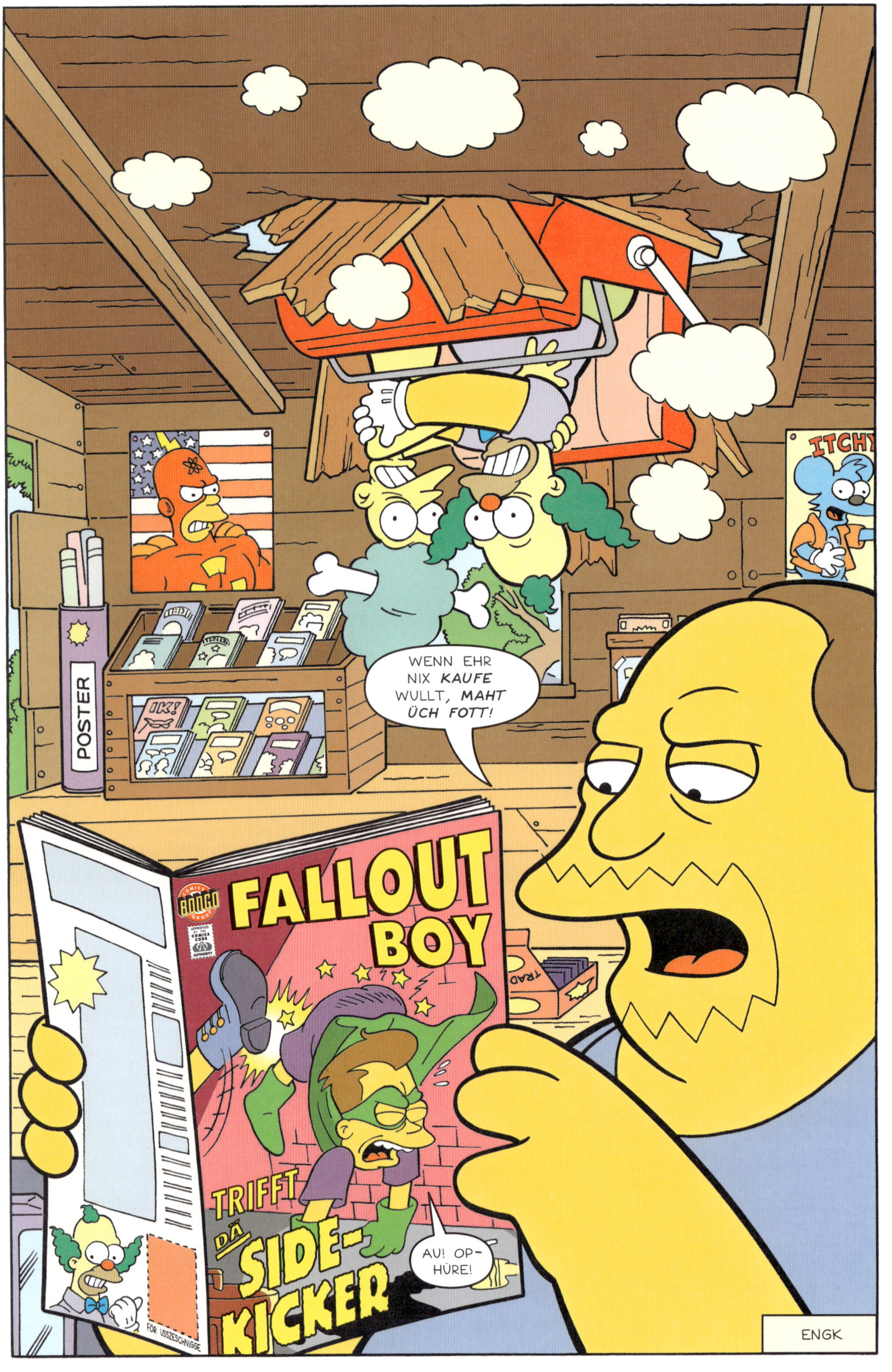
WENN EHR NIX KAUFE WULLT, MAHT ÜCH FOTT!
FALLOUT BOY
TRIFFT DÄ SIDE-KICKER
AU! OP-HÜRE!
ENGK
POSTER
ITCHY

MATT GROENING PRÄSENTIERT

HÄT DÄ FETZ ALD WIDDER MING HÄMMCHE VERKIMMELT?
NÄ.
DAT MÄDCHE?
KEINER HÄT DING HÄMMCHE VERDRÖCK. ICH HAN DIE NOCH JA NIT OP DE DESCH GESTALLT, DOMET DO NIT AVJELENK WEES.
AVJELENK? WOVUN?
MER WOLLE ZESAMME UNSERE URLAUB NÖCHSTE WOCH PLANE.
NÄÄÄ! ICH WOS, ET JOV ENE JRUND, DAT ICH TROTZ DER HÄMMCHE ZOM MOE WOLLT.
PLANE KLINGK NOH ARBEIT! SOLLE FERIE NIT ET JEJENDEIL VUN ARBEIT SIN?
HE, PAP. DAT ES DÄ PROSPEK. ICH HAN ALLES EINJEKRINGELT, WAT MER DUN SOLLTE.
FERIECAMP „ZORÖCK EN DE NATUR"? FAHRE MER NIT ZOM „MONSTERTRUCK-PARADIES"?
NÄ, ET LISA DURF DIESMOL USSÖCKE, DE MONSTERTRUCKS WORE MING IDEE.
KORREK, DO HÄS JESAHT, DAT WENN ICH LUUTER EINSE OM ZEUGNIS HAN, DÖRF ICH DÄ NÖCHSTE URLAUB FÖR DE FAMILLICH FASSLÄJE.
WORÖM HAN ICH MICH OP SU EN IDIOTIE EINJELOSSE? LISA ES DOCH DÄ JEWETZTE PANZ.
DO HÄT WOHL ET PITTERMÄNNCHE KÖLSCH US DIR JEKALLT.
OH, KÖLSCH! HÄTTS DO DOCH DE SCHNÜSS JEHALDE.

ENS MÄHT MER NE KOPP. ICH WOLLT ALD NE TERMIN MACHE, FÖR DE BÖCKCHE ZE FÖDERE. ÄVVER DAT ES EN DE BOTZ JEJANGE, DIE HAN UNS ÜVVERHAUP NIT JEFUNGE.
KEIN SORCH, LISA. DINGE PAP HÄT UNS URLAUBS-NÜSELE ALD FÖR NEM MOND EN ET REISEBÜRO JEBRAHT.
OH, APROPOS ...
NE MOND DOVÖR ...
DÄM FAT TONY SING HUUSDIER-FLÄG
SPRINGFIELD REISEN
HÜCK! JEMISCHTE WRESTLING-MEISTERSCHAFF: TIJER MET APPETIT JEJEN KARATE-AAP! MER KANN DROP WEDDE.
DIE NÜSELE SIN MER!
DIE AAP ES NOH ZWEI MINUTE PLATT!
DREI MINUTE SPÄDER ...
PRIMA ... DREN DÄ FESCH.
WOR DAT WIRKLICH ENE TIJER? FÖR MICH SOCH DAT US WIE ENE FETTE DAACH-HAS!
EM HÜCK ...
HOMER, ES JET? DO HÄS JRAD JET VUN ENER AAP JE-BRABBELT, DIE ENE TRETT WIE CHUCK NORRIS HÄT.
DAT ES NOR WÄJEN DÄ ALTERATION WÄJEN DÄM NATURCAMP. AM ENGK JIT ET DO OCH AAPE!
IMMER JRINSE, DOMET KEINER JET SPETZKRITT ... JRINSE ... DRESS-AAPE!
LEEVE PAP, DANKE, DANKE, DANKE! DAT WEED EN SUPERJEILE ZICK!

SPRINGFIELD REISEN
SCHNÄPPCHE FÖR TEILNEHMER DES ZEUGENSCHUTZ-PROGRAMMS. KUTT EREN, MER KÖMMERE UNS ÖM ÜCH.
ICH HAN NOR ZWEI-UNFUFFZICH MOPPE, ÄVVER MER MÜSSE OP JEDEN FALL EN DAT FERIELAGER „ZORÖCK EN DE NATUR“.
ZWEIUNFUFFZICH? DO JECK, FÖR DIE PAAR NÜSELE KANN ICH ÜCH NOR ZORÖCK EN DE NATUR BRENGE, WENN ICH ÜCH MET DÄ SCHUSTERPALM VERKLOPPE.
BAAL ...
MOMANG. WENN DÄ AHLE GIL HÜCK NIX AN LAND TRICK, WEED HÄ JECHASS. ICH FINGE JET FÖR ÜCH.
EN ECH?
EN ENEM FERIELAGER, DAT BEINOH JENAU ESU KLING WIE „ZORÖCK EN DE NATUR“, JOV ET EN SPONTAN-AVSAHT. ET HEESS „CAMP AU NATUREL“.
NATUREL?
WAT HATT EHR?
ICH HAN JRAD DE LETZTE FUFFZICH USJE-JOVE.
SIDDER JANZ BLANK?
ICH HAN ENE BON FÖR ENS DÄ STROSS ERAV ZE JON UN ENE FÖR NE KRUSTYBURGER. NIMMS DE EINE, KRISTE EINE DOBEI.
JE-BONGT.

DE FAMILLICH OP JÖCK ...
ÄVVER PAP, DAT ES DOCH NIT „ZORÖCK EN DE NATUR“!
UN HEE ES NATUR ZE BASCH!
FERIELAGER HEE PARKE
HEE STEIHT „FERIELA-GER“!
ICH BEN ET LINDSEY NAEGLE UN BEJRÖSSE ÜCH EM NAME VUM „CAMP AU NATUREL“. UNS DÜÜRE UN STIEV-STAATSE QUARTIERE SIN NIT FÄAN, NOR E PAAR SCHREDD DURCH DÄ BÖSCH.
ZE FOSS?
E PAAR SCHREDD DURCH DÄ BÖSCH ES DÄ BESTE WÄCH, ÖM DÄ JANZE BRASS VUN DE CITY FOTT ZE DÄUE.
CITY? SPRINGFIELD?
UNS DRÄJER NEMME ÜÜRE PÜNGEL, OCH WANN EHR DAT ZEUCH EM CAMP NIT BRUCHE WEED ... HA!
LOMMER JONN. WER KÜTT MET ZOM LEVVE AU NATUREL?
ICH!
EINEINHALB KILOMETER SPÄDER ...
PASS OP, DAT ES GEFF-EFFE.
ICH KANN NATUR NIT LIGGE.
ICH KANN NIT MIH ... LOSS MICH HEE LIJE. SOLLE MICH DE BÖCKCHE FRESSE.

HUNDERT METER WIGGER ...
MER SIN BAAL DO, ÄVVER BEVÖR EHR DIE ANDERE URLAUBS-LÜCKCHER KENNELIERT: WORÖM HÖPPT EHR NIT FLÖCK ALL UNGER DE SPRETZIG BRUUS?
BRUUS
ICH BEN WOHL TATSÄCHLICH JET RIEF.
WENN DAT RIEF ES, MÖÖCH ICH DICH NIT RÜCHE, WENN DE ÖM BESS.
KICHER
DO STEIHT NIX VUN „NIT AN DIERE USJETEST". DAT ES NIE DÄ RÄÄCHTE LADE.
HO! HO! HO!
HOMER? KUMM ENS KOOT ERUS!
HÄ?

MARGE, ICH BEN MICH JRAD AM …
ZENSIERT
… PA-HA-HA-RAT MAACHE! OH, NACKELIG WIEV!
KANN ET SIN, DAT MER HEE NIT EN DÄM FERIELAGER SIN, WAT DAT LISA USJESÖK HÄT?
ÖÖÖHM …
WORÖM SOLLT ET LISA ***NIT*** HEE HIN WOLLE? „CAMP AU NATUREL“ ES DÄ BESTE UN BELIEBTESTE ***PUDDELRÜHKLUB*** RUND ÖM SPRINGFIELD-SHELBYVILLE!
APROPOS: EHR KÜNNT DE HANDDÖCHER EETS ENS BEHALDE …
⁝KICHER⁝. DIE HÄT ***„PO“*** JESAHT.
ÄVVER EHR ***MOOT*** DAT LEVVE „AU NATUREL“ OP JEDEN FALL ***USPROBEERE***.
OOH. ICH JLÄUV, „AU NATUREL“ ES FRANZÖSISCH FÖR ***PUDDELRÜH***.

ENTSCHOLDIJUNG, FROLLEIN NAEGLE. WO SIN UNS KLAMOTTE?
ET DOORT NIT MIH LANG, BES DE MAMM PLATZ.
ÜHR PLUUTE WEEDE JRAD JEWÄSCHE. WENN EHR UNBEDINGK WOLLT, KRITT EHR SE NOM MÜFFELE WIDDER.
JET ZE MÜFFELE
BÜTT
WELLKUMME EM CAMP AU NATUREL
HÄMMCHE?
SU SIMMER HE EM CAMP NATUREL!
MMM ... JANZ-NACKISCH-KNACKISCH.
UH!
¡QUIECK!¡
ICH WEEDE BLIND.
DAT HÄLDS DE EM KOPP NIT US!

LEEV MARIE, WAT FÖR NE KAVENTS-MANN!
HATT EHR ALD ENS SU EN JEWALTIGE KUMP MET OBS JESINN?
OH.
DAT „CAMP AU NATUREL" HÄT DOCH JET.
HMM ... MER KÜNNE DIE BÜTT JO ENS TESTE.
TACH, BART. WELCH JLÖCKLICHE FÖGUNG, DAT ICH HEE EM CAMP ENDLICH NE KAMERAD EM SELVE ALDER BEJRÖSSE KANN.
ÄH, JO, TACH, MARTIN.
PASS OP, KRÜMEL, FANG.
NIT!
WUFF! WUFF!

LUUR ENS! ICH BEN ADAM!
WELLS DE MING EVA SIN? RRRRRR!
ÄH ... PAP?
HOMIE!
DAT ES KEIN FEIJEBLADD. DAT ES GEFF-EFFE.
NÄÄÄ!
MBUAH-HA-HA-HA-HA!
HAH, HAH!
OH WIH, ICH MUSS MICH VILL MIH DO UNGE JÖCKE ALS WIES DE KOMPLETTE DEUTSCHE FUSSBALL-NATIONALELF MET POLDI UN JOGI. DOC, EHR MÖÖT MER HELFE.
AH HI HI HI, ENÄ, ICH MUSS JA NIX. ICH HAN URLAUB.

URLAUB? HATT EHR KEINE EID AVJELAHT?
DRESS! HIPPOKRATES, DÄ FIESE MÖPP!
SÜHT JOT US. DAT UNGEN ERÖM BRUCH NOR JET FRESCHE LUFF.
DO BEN ICH ÄVVER FRUH. ICH KÜNNT ÜCH BÜTZE.
MING DIAGNOS: NÄ, KÜNNT EHR NIT!
DÄ DOKTOR HÄT RÄÄCH. ICH BRUCH NUR FRESCHE LUFF. WIE HÄT MICH DIE BOTZ ALL DIE JOHRE JEQUÄLT.
DENK LEEVER DRAN: WAT SOLL DIE BOTZ ETZ SAARE!
OHNE DAT MICH DIE KLAMOTTE FESSELE, KANN ICH AN MICH HALDE UN MUSS NOCH NIT ENS DÄ FETZ WÜRJE!
LOSS MICH!
MARGE, WAT FREU ICH MICH, DAT ICH UNSER URLAUBS-NÜSELE BEIM DIER-WRESTLING VERZOCK HAN. ICH BEN FRUH, DAT ICH HEE DAT SCHNÄPPCHE SCHNAPPE MOOT.
DO HÄS WAT?

GRRR!
BLÖTSCH!
BES NIT KODD! ALLES OP DÄ TIJER ZE SETZE WOR DÄ BESTE FÄHLER, DÄ ICH JE JEMAHT HAN!
ICH MERKE JETZ, WIE SCHÖN DAT LEVVE „AU NATUREL" ES.
FREU DICH DRAN, AM ENGK ES ET BAAL VÖRBEI.
KUMM, WIRF DAT HANDDOCH FOTT UN MACH DICH FREI.
EM LEVVE NIT, HOMIE.
HUIIIII!
DÄ DR. HIBBERT SOLL MER E REZEP SCHRIEVE, DOMET ICH EM KRAFFWERK PUDDELRÜH ARBEIDE KANN.
ICH HAN DAT JEFÖHL, DAT EHR UNSER CAMP SCHON E BESSJE LEEV HATT.
TJA ...

ICH JEVVE ZO, DAT UNS DIE BÜTT JOT JEFALLE HÄT.
DÄM QUALM NOH SIN NOCH E PAAR JÄSS JEKUMME, ÖM ÜCH ZE BEJRÖSSE.
PATTY? SELMA?
WAT MAHT EHR DANN HEE?
MER NENNE DAT IMMER „LANS-DE-FINSTERE-TRECKE", WENN EHR VERSTOHT, WAT ICH MEINE.
USSERDÄM SIN MER EM URLAUB JÄN DRUSSE.
NÄ, HE DRUSSE KANN UNS KEINER VERBEDDE, ZE FLÖPPE.
WEIL DAT DÄM JUBJUB JOT DEIT?
ICH HAN JRAD JET JEHÜRT, WAT MICH ÄRCH BANG MÄHT. WIE US ENEM HORRORDRAUM!
OH JO, ÜHR NACKEHOOR STONN PIEL OP. NIT ZE KALLE VUN DÄ HOOR OM RÖGGE.
ICH WOSS JA NIT, DAT MER HEE OCH MOBY DICKS LUURE KANN.
HMPF!

AH! DIE WIDDERLIJE ZWEI FREESE **NACKICH**!
MAACH E FOTO, PERVERS-LING!
HÄS DO LÄNGER JET VUN.
AAAAAH!
PAP? ALLES JOT?
ICH HAN MEDDEN EN ET HÄTZ DÄ FINSTERNIS JELUURT. DOHIN, WO DIE BLOD-RUDE REIS AM ENGK ES.
OH WIH!
MER HAN DÄ HOMER VERLORE!
BES JECK.

EN WOCH SPÄDER ...
TACH, FRAU SIMPSON.
KUTT EREN.
ZORÖCK EN DE NATUR
ÖM ALL DÄ BRASS WIDDER JOT ZE MAACHE, LÖÖT DÄ BAAS VUN UNSEREM CAMP EN WOCH VIP-URLAUB FÖR DE JANZE FAMILLICH EM FERIELAGER „ZORÖCK EN DE NATUR“ SPRINGE.
ECH?
ZORÖCK EN DE NATUR
DO NIT FÖR, DAT SIN MER ÜCH SCHÖLDICH.
ZORÖCK EN DE NATUR
KLASSE, ICH KANN ET NIT ERWAADE, DE BÖCKCHE ZE FÖDERE.
EHR MÖÖT ÜCH NIT ZAUE. EHR KÜNNT WAADE, BES HERR SIMPSON WIDDER PARAT ES.
ZORÖCK EN DE NATUR
APROPOS, WIE ES ET IHM?
LUURT SELVER.
HEE ES DÄ SCHAL, DÄ DO HAN WOLLS.
JEVV HER!
KLAMOTTE JOT, NACKICH FIES. VILL KLAMOTTE JOT, MIH KLAMOTTE, KEIN HUGG. KEIN PATTY, KEIN SELMA.
MANN, DAT ES ET ENGK.
ENGK

Kölsch-Glossar

A

Aapenöss	Erdnüsse
Alaaf	Schlachtruf im Kölner Karneval
Alteration	Aufregung
avmurkse	umbringen

B

Baas	Chef
baschte	platzen
Blodprob	Blutprobe
Botz	Hose
Brasel	Arbeit
Brass	Unannehmlichkeit, Stress
Bruus	Dusche, Brause
Büggel	Beutel, Tasche
bütze	küssen

C

chasse	hinauswerfen, entlassen

D

Daach-Has	umgangssprachlich für Katze (Dach-Hase)
de Muul opblieve	staunen
der, dä	der
Dier	Tier
Do kanns mer ens dä Naache däue	abwehrende Redewendung; Ansinnen wird kategorisch abgelehnt

E

Effe	Efeu
Eldere	Eltern
erus	raus

F

Fetz	Flegel, Junge
fiese Möpp	Schimpfwort: unangenehmer Mensch
Fläg	Pflege
flöck	schnell
flöppe	rauchen
fluppen	klappen, gelingen
fott	weg
Freese	abscheulicher Mensch
Fuddelskrom	knifflige Arbeit
Füür	Feuer

G

Geff-Effe	Gift-Efeu

H

Hanak	Gauner, Schurke
Hämmche	Eisbein
hät	hat
Hätzkloppe	Herzklopfen
Heiermann	Fünfmarkstück (gilt auch in Eurozeiten)
höösch	langsam, sachte
Hugg	Haut

J

Jaade	Garten
Jääl Sigge	Gelbe Seiten
jedäuf	getauft
Jedöns	Getue; Gedöns
jet ze drieße han	nerven, meckern
jewetz	schlau, klug

K

Kamelle	Bonbon
Kitzelbud	erotisch angehauchtes Etablissement
Knabühß	Holzgewehr der Karnevalsgesellschaften
Kniesbüggel	Geizhals
kodd sin	böse sein
Krätzje	Liedchen
Krawallmöhn	zänkisches Weib
kriesche	weinen

L

lans	entlang
läppsch	albern
latze	bezahlen

Lück	Leute
luure	sehen

M

Malote	Melaten-Friedhof; Zentralfriedhof, auf dem zahlreiche Prominente beerdigt sind; Synonym für Friedhof allgemein
ming Ahl	meine Frau
Moläste	Schwierigkeit
mole	malen
Mond	Monat
Mostert	Senf
müffele	essen
Muuzepuckel	Griesgram

N

Nällg?	Was zum ...?
ne Püngel Freud	große Freude
Nullg!	Urks!
Nüsele	Geld

O

opjepass	aufgepasst; Achtung
op Jöck	fahren, unterwegs sein

P

Panz	Kind
Pittermännche	Bierfässchen mit 10 Liter Kölsch
Pluute	Kleidung
puddelrüh	nackt

R

Rääch	Recht
Rähn	Regen

S

Schmier	Polizei
Schmölzje	Gruppe
Schnüss	Mund
schöne Hubäät	Schimpfwort: feiner Pinkel
Schwaadlappe	Schwätzer, Wichtigtuer
Spar-Firkel	Sparschwein
spetzkrieje	herausfinden, merken
SPFU	Springfield-Füür-Ustredder
stievstaats	schick, piekfein

T

Titti	Baby, Kleinkind
Tünnes	spöttische Bezeichnung für „einfältiger Mensch"
Tuppes	Freund; manchmal abschätzig für „Mann"

U

Uhre	Ohren

V

Veedel	Stadtteil; kleine, heile Welt des Kölners

W

Wiev	Frau, Weib

Z

zaue	beeilen
ze döör	zu teuer
ze Foss	zu Fuß
ze Zoch sin	beschäftigt sein

Noch jet:

Mer hatte beim üvversetze ärch vill Freud. Ehr beim Lese am beste och. Sid uns nit kodd, wann ehr jet fing, wat nit jelunge es. Dat Wood künnt ehr jo fottschmieße un eins nemme, wat üch besser zosäht.

Mancherlei hammer nit wie de Akademie üvversetz. Manchmol hammer uns för de Schnüss-Sproch entschiede. Wenn jet janz donevve jerode es, hätt et am Engk dä Homer Simpson selver üvversetz.

Mer süht sich!

PS: Hella möchte Mo Leiterholt für die Einführung ins Simpsons-Universum danken. Und Vera Kettenbach für die finale Hilfe.

Die Übersetzerinnen

Hella von Sinnen

Sie ist bunt, schräg, einzigartig und unglaublich lustig – und damit ist ausnahmsweise nicht die Welt der Simpsons gemeint, sondern Hella von Sinnen, die vorübergehend ihr geliebtes Köln gen Springfield verließ, um den Gelben eine „Kölsche Schnüss" zu verpassen. Die Kölner Comedy-Urgewalt studierte Theater-, Film- und Fernsehwissenschaften, Germanistik und Pädagogik in Köln, bevor sie 1979 gemeinsam mit Dada Stievermann und Dirk Bach die Kabarettgruppe „Stinkmäuse" gründete. Ihr großer Durchbruch folgte 1988 mit ihrer ersten von vielen gemeinsamen erfolgreichen Shows mit Hugo Egon Balder: „Alles nichts oder". Seither ist Hella von Sinnen aus der deutschen Comedy-Szene nicht mehr wegzudenken.

Foto: Don S.

Cornelia Scheel

Ursprünglich studierte die in Köln lebende Adoptivtochter des früheren Bundespräsidenten Walter Scheel Medizin, arbeitet nach einer Zwischenstation bei der Krebshilfe, die von ihrer Mutter Mildred gegründet wurde, seit 1991 aber als Autorin, Managerin und Gag-Autorin für Hella von Sinnen, mit der sie gemeinsam die Ideenschmiede „Komikzentrum" betreibt. Darüber hinaus kämpfen die beiden unermüdlich für die Gleichstellung Homosexueller und wurden dafür 2009 mit dem Rosa Courage Preis ausgezeichnet. Im Oktober 2015 veröffentlichte Cornelia Scheel ihr bislang persönlichstes Buch „Mildred Scheel – Erinnerungen an meine Mutter".

© vvg-koeln

Monika Salchert

Ist Kölnerin, eine „Native Speakerin" – allerdings nicht hauptberuflich. Nach dem Studium der Geschichte, Bibliothekswissenschaften und Pädagogik ging es für Monika Salchert zur Kölner Journalistenschule. Sie war viele Jahre Redakteurin und Chefredakteurin bei Tageszeitungen und bei Privatfunkstationen, zuletzt Redaktionsleiterin bei der Rheinischen Post. Heute arbeitet sie als freie Journalistin in Köln. Für den WDR kommentiert sie mit einem Kollegen die „Schull- und Veedelszöch", für die ARD den „Kölner Rosenmontagszug". Sie hat mehrere Sachbücher geschrieben, engagiert sich beim Hänneschen-Theater und ist Moderatorin bei der Talk-Reihe „Kölner Abend" der „Akademie för uns kölsche Sproch" in der Volksbühne am Rudolfplatz.

Foto: Steff Biel